LE
Chansonnier
UNIVERSEL.

Ce Chansonnier se vend à LILLE chez CASTIAUX, et chez les principaux Libraires de la France et de la Belgique.

LE
CHANSONNIER

UNIVERSEL.

RONDES A DANSER ET AUTRES.

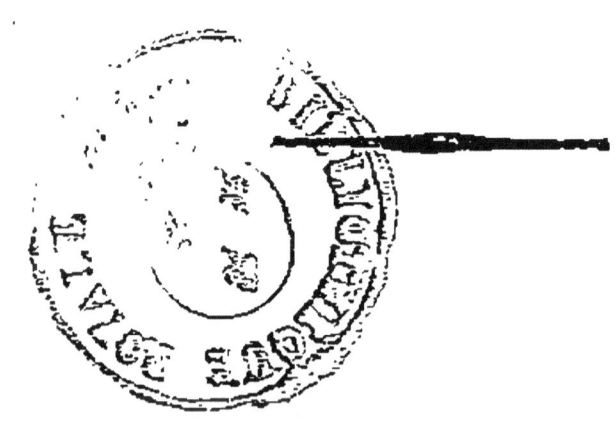

A PARIS,

Chez DELARUE, LIBRAIRE, QUAI DES AUGUSTINS, N.º 15.

LILLE. — IMPRIMERIE DE BLOCQUEL.

LE Chansonnier UNIVERSEL.

RONDE DE FIORELLA.

Après la richesse,
Joyeux pélerin,
Moi, je cours sans cesse,
Et je cours en vain :
Quoique la coquette,
M'échappe souvent,
Gaîment je répète
En la poursuivant :
 Espérance,
 Confiance,
C'est le refrain
Du pélerin.

En route on s'ennuie,
Il faut être deux !
Que fille jolie
Paraisse à mes yeux,
Quoique l' mariage
Ait maint accident,
J' tente le voyage,
En disant gaîment:
   Espérance, etc.

Je crois que ma belle
M'aimant constamment,
Me sera fidèle;
Et, chemin faisant,
Si de bons apôtres
En sont amoureux.
J' dirai comm' tant d'autres,
En fermant les yeux :
   Espérance,
   Confiance,
C'est le refrain
Du pélerin.

RONDE PROVENÇALE.

Provençale jolie,
De ce joyeux canton,
Conserve ta folie !
Ecoute ma leçon.

Du joyeux tambourin
Lorsque le bruit t'appelle,
N'hésite pas, ma belle,
Accours, accours soudain.
A quoi sert la tristesse
Dans l'âge des amours ?
Il faut rire sans cesse,
Il faut aimer toujours.

Les dieux, dit-on, un jour,
Partagèrent la France :

8

La riante Provence
Fut donnée à l'Amour.
Le dieu de la tendress
Y fixa les beaux jours,
Et l'on y rit sans cesse
Quand on aime toujours.
Provençale, etc.

LE BRIGAND.

RONDE ESPAGNOLE.

Au bruit joyeux du tambourin,
Au bruit des castagnettes,
Dansez, jeunes fillettes,
Chantez un gai refrain.

Ecoutez, toutes, une histoire
D'une grande célébrité;
Le fait est vrai, l'on peut m'en croire,
Un vieux moine me l'a conté.
Au bruit, etc.

Sur le sommet de la montagne,
Ce noir donjon fut habité
Par un scélérat dont l'Espagne
Redoutait fort la cruauté.
Au bruit, etc.

Aux femmes il faisait la guerre,
Toujours aux dépens des maris;

S'il entrait dans un monastère,
C'était le diable en paradis.
Au bruit, etc.

Aux jeunes filles du village
Le traître fit plus d'un larcin ;
De l'une pressant le corsage,
Il volait la fleur de son sein.
Au bruit, etc.

Près d'une autre, flatteur et tendre,
Il demandait, d'un air sournois,
Un seul baiser, dût-il le rendre ;
Et le fripon en prenait trois.
Au bruit, etc.

Frémissez de son incartade !
Auprès d'un bois il arrêta.
La fière épouse de l'Alcade....
Dieu sait ce qu'il en résulta....
Au bruit, etc.

Jeunes fillettes, ce barbare,
De votre repos si jaloux,

11

A reparu dans la Navarre,
Toujours le même.... gare à vous !
Au bruit, etc.

De ce brigand si redoutable.
Voici le portrait : tour à tour,
Il est farouche, il est traitable ;
Il est près de vous... c'est l'Amour !

  Au bruit joyeux du tambourin,
  Au bruit des castagnettes,
  Dansez, jeunes fillettes.
  Chantez un gai refrain.

LES MESSIEURS A LA MODE.

RONDE.

Air : La boulangère a des écus.

De maint fat qu'on célèbrera
  Voici l'histoire entière :
Rien de nouveau ne s'y verra.
  C'est l'usage ordinaire,
    Oui-dà,
  C'est l'usage ordinaire.

A la fois il courtisera
  Lise, Agathe, Glycère,
Zulmé, Fanny, Rose et Clara.
  C'est l'usage ordinaire, etc.

Le matin il leur jurera
  L'amour le plus sincère,
Et le soir il les oubliera.
  C'est l'usage ordinaire, etc.

13

A l'entendre, il ne trouvera
　　Nulle beauté sévère.
Sur ce point comme il mentira !!
　　C'est l'usage ordinaire, etc.

De l'Hymen un jour il faudra
　　Suivre enfin la bannière ;
A choisir monsieur prétendra.
　　C'est l'usage ordinaire, etc.

Talens, vertus et cætera,
　　Ne le séduiront guère ;
De la dot il s'informera.
　　C'est l'usage ordinaire, etc.

Quand la belle lui semblera
　　Une riche héritière,
Vite monsieur épousera.
　　C'est l'usage ordinaire, etc.

De sa femme il conservera
　　Le cœur sans en rien faire ;
Hors du logis il aimera.
　　C'est l'usage ordinaire, etc.

Tel de ces messieurs qui lira
    Cette chanson légère,
Sans s'y reconnaître, en rira.
    C'est l'usage ordinaire, etc.

Des hommes d'aujourd'hui voilà
    Les seuls droits à nous plaire ;
Et l'on aime ces monstres-là !
    C'est l'usage ordinaire, etc.

Le diable les emportera
    Dans sa grande chaudière,
Et chacun d'eux y bouillira.
    Voilà leur fin dernière.
      Oui-dà,
Voilà leur fin dernière.

RONDE.

Bergers, avec vos chiens fidèles,
Veillez sans cesse à vos troupeaux,
Le loup rôde, et ses dents cruelles
Menacent vos tendres agneaux.
Qu'attentif au signal d'alarmes,
Le chasseur courre avec ses armes;
Au loup! au loup! au loup! au loup!
Courez; qu'il tombe au premier coup.

Sans nulle peur, la jeune Annette,
Avec un loup nommé Colas,
Le soir allait sous la coudrette,
Et le loup ne la mordait pas.
« J'entends marcher, dit la bergère,
Ah! sauvons-nous »! C'était son père;
Pour nos amans c'était le loup.
Au loup, etc.

Madelon, au clair de la lune,
Avec Richard causait souvent,

16.

Quand son époux, sans crainte aucune,
Au cabaret était content.
« Cateau, dit-elle à sa servante,
Sois attentive et surveillante ;
S'il revient, tu crieras : Au loup » !
Au loup ! au loup ! au loup, au loup !

TOUT TOURNE DANS LE MONDE.

RONDE.

Air : La boulangère a des écus.

On vous a dit, tout comme à moi,
   Que la terre était ronde,
Et qu'autour sans savoir pourquoi,
   Tout tournait à la ronde.
Tournons, tournons-donc, en disant,
Tout tourne dans le monde, vraiment,
   Tout tourne dans le monde.

Ici, petits deviennent grands ;
   Et dans un nouveau monde
Vivront un jour nos descendans.
   Car, mourant à la ronde,
Chacun se succède, en disant : Tout etc.

Hier, on me trouvait charmant,
   J'avais la bourse ronde.

Aujourd'hui, je suis sans argent;
  Mais ailleurs il abonde;
Et je me console, en disant : Tout, etc.

Contre sa femme Luc pestant,
  En reproches abonde.
Madame, à son tour, se fâchant,
  Tant qu'il fait jour le gronde;
Mais, la nuit, il faut voir comment,
  Tout, etc.

Si chacun ici, comme moi,
  Voyait et brune et blonde,
Il dirait : « Voilà bien de quoi
  Tourner la tête au monde. »
Tournons donc en chantant gaîment :
  Tout, etc.

L'on voit la fraîcheur, la beauté,
  Passer en ce bas monde.
En plaisirs l'amabilité
  Seule est toujours féconde.
Hors vos vertus, sexe charmant,
  Tout, etc.

Belles, j'ai chanté... Qu'à présent
 L'une de vous réponde...
Ma chanson veut un dénoûment.
 Permettez qu'à la ronde,
Je vous prouve, en vous embrassant,
Que tout tourne en ce monde, vraiment,
 Que tout tourne en ce monde.

RONDE NORMANDE.

Air : J'arrive à pied de province.

Tout d'puis qu'jons fait connaissance
 D'un certain tendron,
J'ons pour elle une accointance,
 Qu'jen perds la raison ;
I n'ya rien dans la nature
 De plus enchanteur
Que l'aimable créature
 Qui me tient au cœur.

C'n'est pas qu'al soit si r'marquable,
 Qu'partout sous l'soleil,

On n'puiss' dans l'monde habitable
   Trouver rien d'pareil ;
Mais elle a, ma douce amie,
   Un p'tit air flatteur,
Un p'tit air de fantaisie,
   Qui me tient au cœur.

L'aut' jour am' fit en cachette
   Présent d'un bécot,
Tant qu'ma bouche en d'vint muette,
   Qu'mon cœur fut tout sot.
C'bécot-là dans l'fond de mon ame
   Imprima l'bonheur ;
C'bécot-là r'double la flamme
   Qui me tient au cœur.

La beauté la plus touchante
   Peut m'fair' les yeux doux ;
J'li dirai : vous êt' charmante ;
   Mais n'y a rien pour vous.
Quoiqu'vous soyiez jeune et belle,
   Et plein' de fraîcheur,
C'n'est pas vous qu'êt' la d'moiselle
   Qui me tient au cœur.

Partout sus l'bord de la Seine
   Je n'vois qu'mon tendron ;

Tout l'rest' ne vaut pas la peine
  D'fixer m'n'attention.
O toi ! Vénus immortelle !
  Ton air séducteur
Ne m'f'rait pas oublier celle
  Qui me tient au cœur.

RONDE.

Depuis long-temps, gentille Annette,
Tu ne viens plus sous la coudrette,
Danser au son du chalumeau.
Lorsque tu quittes le hameau,
Fuyant les plaisirs de ton âge,
Tu vas rêver dans le bocage.
  Dis-moi
  Pourquoi.

Parlé. Ah ! dame ! pourquoi ? C'est bien embarrassant à dire, voyez-vous...

Dansez, jeunes compagnes,
  La ronde des montagnes ;
Un jour, vous saurez, comme moi,
  Pourquoi.

Lorsque tu vas dans le bocage
Si tristement chercher l'ombrage,
En même temps au fond du bois.
Lubin se glisse en tapinois ;
Souvent le hazard vous rassemble,
Et l'on vous voit rêver ensemble.
   Dis-moi
   Pourquoi.

Parlé. *Vous voulez le savoir, mamzelle ? — Oui, mamzelle, cela me ferait plaisir, et toutes tant que nous sommes ici, nous ne demandons pas mieux que d'apprendre quelque chose de nouveau... Si c'est possible.*

Dansez, jeunes compagnes, etc.

A ta retraite tant chérie
Tu vas toujours par la prairie ;
Et d'une fleur, chaque matin,
Nous te voyons parer ton sein.
Le soir, hélas ! à la veillée,
La pauvre fleur est effeuillée.
   Dis-moi
   Pourquoi.

Parlé. *Vous êtes curieuse, mamzelle*

Isabeau ! — *Il ne faut pas rougir pour cela, mamzelle Annette. Une fleur ! cela s'effeuille si vite ! Oui; mais pourquoi cela s'effeuille-t-il ?*

Dansez, jeunes compagnes,
La ronde des montagnes ;
Un jour, vous saurez, comme moi,
Pourquoi.

RONDE DU SOLITAIRE.

Qui traverse à la nage
Nos rapides torrens ?
Qui, sur un roc sauvage,
Va défier les vents ?
A l'ours, dans sa tanière,
Qui donne le trépas ?
De la biche légère
Qui devance les pas ? (Parlé)*chut.*
C'est le Solitaire ;
Il sait tout,
Il voit tout,
Il fait tout,
Est partout.

Qui jette un sortilége
Sur nos pauvres troupeaux ?
Qui glace sous la neige
Nos moissons, nos coteaux ?
Qui féconde la terre ?
Qui fait fleurir nos bois ?
Qui rend le ciel prosperre
A tous nos villageois ?
C'est, etc.

Qui séche sur la branche
Nos fruits prêts à mûrir ?
Et sous une avalanche
Qui vient nous engloutir ?
Qui console une mère,
En retirant des flots
Un enfant téméraire
Disparu sous les eaux ?
C'est, etc.

L'AMOUR.

VOLEUR DE GRAND CHEMIN.

RONDE ESPAGNOLE.

Air : A voyager passant sa vie.

Dans nos hameaux de la Navarre
On ne peut voyager la nuit.
Un brigand perfide et barbare
Vous guette, vous frappe et s'enfuit.
Jamais ne voyagez seulettes ;
Car, près de ce profond ravin,
L'amour, l'amour, jeunes fillettes,
S'est mis voleur de grand chemin.

Armé d'une flèche aguerrie,
Aux belles qui passent par là
L'amour dit : « L'honneur ou la vie ! »
C'est toujours l'honneur qui s'en va.

Jamais ne voyagez seulettes ;
Car, près de ce profond ravin,
L'amour, l'amour jeunes fillettes,
S'est mis voleur de grand chemin.

Ces jours derniers, de notre alcade
La fille par là se trouvait ;
Le brigand, pour cette bravade,
Lui vola tout ce qu'elle avait.
Jamais ne voyagez seulettes ;
Car, près de ce profond ravin,
L'amour, l'amour, jeunes fillettes,
S'est mis voleur de grand chemin.

LE LOUP - GAROU.

RONDE.

Air : Embarquez - vous.

Ecoutez mes avis, fillettes,
Disait le vieux bailli d'Ormeuil ;
N'allez jamais au bois seulettes,
De la sagesse il est l'écueil.
Sous les ombrages solitaires
Ne courez pas le guilledou.
Sachez qu'il y revient, bergères.
Un loup-garou, ou, ou, ou, ou.

On vit briller dans ce village,
C'était, je crois en mille sept cent,
Une bergère de mon âge,
Qui vit encore maintenant.
Elle était sage autant que belle,
Chaque berger en était fou,
Qui fait que chacun fuit loin d'elle?
Le loup-garou, ou, ou, ou, ou.

28

En mil sept cent vingt, autre histoire ;
J'épousai la jeune Babet ;
Un beau jour, j'apprends de Grégoire
Qu'au bois elle allait en secret.
Aussitôt, j'enferme la dame ;
Mais, hélas, je vis par un trou,
Le croiriez-vous ? avec ma femme
Le loup-garou, ou, ou, ou, ou.

Chaque bergère était tremblante,
Quand Suzon dit : « Moi je l'ai vu ; »
Mais c'est une chose étonnante,
Qu'en mil sept cent il ait vécu.
Sa barbe devrait être grise,
Au lieu qu'il n'en a pas du tout ;
C'est Lucas, le fils de Denise,
Le loup-garou, ou, ou, ou, ou.

Le lendemain vers les bruyères
Chaque fillette va courant ;
Le loup fêta bien les premières ;
Mais on dit que le jour suivant
L'essaim doubla ; pour s'y soustraire
Il prit ses jambes à son cou,
Et se garda bien de refaire
Le loup-garou, ou, ou, ou, ou.

RONDE.

Venez ici, jeunes tendrons,
Venez danser sur les gazons,
Au joli son des castagnettes,
Des tambourins et des musettes;
Maman ne l'a pas défendu;
Car on sait qu'en fait de vertu,
Gn'ia de danger, jeune fillette,
Que dans ce qu'on fait en cachette.

Lise fait beaucoup de façons
Pour danser avec les garçons;
Mais du beau Lindor, qui la guette,
Elle ne craint pas la fleurette;
Son honneur est bien défendu;
Car Lise a beaucoup de vertu;
Mais que j'ai peur pour la fillette
Qui voit son amant en cachette!

Lindor cache si bien son jeu,
Que Lise accorde un doux aveu.

Je n'ai pas bien dans la mémoire
Toute la fin de cette histoire ;
Mais je sais qu'il eût mieux valu
Pour son repos, pour sa vertu,
Qu'elle eût dansé sous la coudrette,
Que de voir Lindor en cachette.

RONDE.

Du vieux pâtre de la montagne
Ecoutez la vieille chanson,
Et répétez à l'unisson,
Vous que la prudence accompagne,
Du vieux pâtre de la montagne
Et la morale et la leçon.
   Bergerette,
    Qui, seulette,
  Vendangez le long du jour,
    En cachette,
    L'amour guette
Pour vous jouer quelque tour.

L'amour trompe, c'est son usage :
Croyez-moi, fuyez les amans.
Lise à peine comptait seize ans,
On est imprudente à cet âge ;
L'amour n'est point un badinage ;
Lise l'apprit à ses dépens.
   Bergerette, etc.

Depuis Lise pour un volage
Va fuyant les jeux du hameau ;
Elle pleure au bord du ruisseau,
Et nul espoir ne la soulage,
Tandis qu'elle entend le volage
Chanter gaîment sur le coteau.
  Bergerette,
  Qui, seulette,
Vendangez le long du jour,
  En cachette
  L'amour guette
Pour vous jouer quelque tour.

LE PETIT MAITRE.

RONDE.

Air : C'est le Solitaire.

Dites-nous, jeune fille,
Comment appelle-t-on
Cet être vif qui brille,
Semblable au papillon ?
Qui sait le mieux promettre
Un amour qu'il sent peu ;
Et trop aimable traître,
Bientôt s'en faire un jeu ?
C'est le petit maître ;
    Il fait tout,
    Il dit tout,
    Ose tout
    Est partout.

Qui, gouvernant la mode,
Règle robes, chapeaux ;
Qui, d'un conte, qu'il brode,

Se nomme le héros ?
Qui sait mieux se permettre
Un trait dont on sourit,
En alliant peut-être
La sottise à l'esprit.
C'est le, etc.

Qui, distrait au théâtre,
Bâillant dans les concerts,
Se réveille idolâtre
De tel chant, de tels vers ?
Au bal, qui croit soumettre
La pudeur, d'un souris,
Et qui se vante d'être
Le fléau des maris.
C'est le, etc.

Qui court à Bagatelle,
Et dans un char brillant
Que l'élégance attelle,
Renverse le passant ;
Qui, pour ne se commettre,
Et sortir d'embarras,
S'enfuit voyant paraître
La garde sur ses pas ?
C'est le petit maître;
    Il sait tout,
    Il dit tout, etc.

LE CHANGEMENT.

RONDE.

Air : Landerirette.

Tout change dans la nature,
Tout nous dit qu'il faut changer ;
Et j'ai lu dans Épicure
Ce refrain d'Amour léger :
Toujours aimer, landerirette,
Souvent changer, landériré.

Voyez sur les fleurs nouvelles
Le papillon voltiger ;
Son amour pour les plus belles
N'est qu'un amour passager.
Toujours, etc.

A la rose qu'il préfère,
Si Zéphyr donne un baiser,
Aux autres fleurs du parterre
Il dit, pour les apaiser :
Toujours, etc.

Le plaisir veille à Cythère,
L'on y voit l'Hymen bâiller ;

De sa langueur ordinaire
Il faut, pour le réveiller,
Toujours, etc.

J'avais maîtresse jolie
Qui promettait de m'aimer;
Je la crus; c'était folie;
Elle voulait tout charmer;
Toujours, etc.

Je vis un jour l'infidèle
Dont la voix sut m'engager;
Elle était encor plus belle
En chantant, sans y songer,
Toujours, etc.

Depuis que sa foi ravie
M'apprit qu'on peut se quitter,
Jusqu'à la fin de ma vie
J'ai fait serment de chanter :
Toujours, etc.

Sur mon urne cinéraire,
Mes amis, faites graver :
Ci-gît un célibataire
Qui sut, sans se captiver,
Toujours aimer, landerirette,
Souvent changer, landériré.

CES MESSIEURS.

RONDE

COMPOSÉE PAR UN FAUX FRÈRE POUR MADEMOISELLE ***.

Air : Landerirette, landeriré.

Ces messieurs, d'après la mode,
Sont peu galans en amour ;
Ils trouveraient très-commode
Que nous leur fissions la cour.
  Eh mais ! oui-dà,
   Landerirette,
  Leur tour viendra,
   Landerira.

Ces messieurs dans la constance
Ne trouvent qu'un vieil abus ;
Ils voudraient que dans la France
Bientôt on n'en parlât plus.
  Eh mais ! oui-dà,
   Landerirette,
  Ils voudraient ça,
   Landerira.

Ces messieurs de leurs conquêtes
Vont par-tout se pavanant;
Pour une ou deux qu'ils ont faites,
Souvent ils en disent cent.
　　Eh mais! oui-dà,
　　　　Landerirette,
　　On les croira,
　　　　Landerira.

Ces messieurs sont admirables
Avec tous leurs complimens;
Nous les croyons véritables,
Tout autant que leurs sermens.
　　Eh mais! oui-dà,
　　　　Landerirette,
　　On s'y fira,
　　　　Landerira.

Mes beaux messieurs, pour nous plaire,
Vous n'avez qu'à le vouloir;
Il ne faut, la chose est claire,
Que changer du blanc au noir.
　　Essayez ça,
　　　　Landerirette,
　　Et l'on verra,
　　　　Landerira.

RONDE.

Gentille bachelette,
Un jour, allait au bois;
Beau page, qui la guette,
Arrive en tapinois.
« Oh! quelle est gentillette!
Quels yeux! quelle fraîcheur! »
Puis sa main joliette
Il posa sur son cœur...
Prends garde, bachelette,
Le page que voilà
N'en veut pas rester là.

Le lendemain, seulette,
Au bois se retrouva;
Le page à sa houlette
Beau ruban attacha,
Ensuite à la fillette,
Si tendrement parla,
Qu'à la fin la pauvrette
Baiser d'amour donna....
Prends garde, bachelette,
Le page que voilà
N'en veut pas rester là.

Mais la bergère sage
Comprit par ce baiser
Que désormais au page
Fallait tout refuser.
La gentille fillette
Eut ce courage-là.
Du page l'amourette
Beaucoup s'en augmenta ;
Si bien que bachelette
Le beau page épousa...
La chanson finit là.

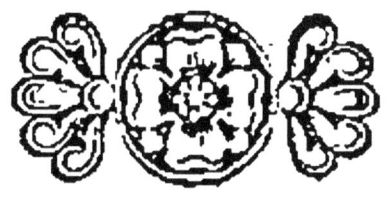

AVIS A PLUSIEURS.

RONDE.

Air : On vous en ratisse, tisse, tisse.

Maris, soyez complaisans,
Tendres, empressés, galans;
Qu'Amour toujours vous gouverne.
Si vous négligez cela,
Ah! comme on vous berne, berne,
Ah! comme on vous bernera!

Femmes, certains moyens doux
Vous vengent bien d'un époux;
Maint quolibet le consterne;
Oui, mais pour ce plaisir-là,
Ah! comme on vous berne, berne,
Ah! comme on vous bernera!

Filles, pour votre repos,
Fuyez les tendres propos;

Ou, grâce à la baliverne,
Quand le pied vous glissera,
Ah! comme on vous berne, berne,
Ah! comme on vous bernera!

Pauvres amans, sans contrats,
Qui voulez plaire aux papas,
Gagnez vite un gros quaterne !
A moins de ce bonheur-là,
Ah! comme on vous berne, berne,
Ah! comme on vous bernera!

Grands auteurs du boulevart,
Qui risquez un fruit de l'art,
Sans tyran, voleurs, caverne,
Noir vampire, *et cœtera*,
Ah! comme on vous berne, berne,
Ah! comme on vous bernera!

Messieurs les sots en crédit,
Chacun vante votre esprit,
Devant vous on se prosterne;
Mais quand le vent tournera,
Ah! comme on vous berne, berne,
Ah! comme on vous bernera!

Ecrivains dont les grands mots
Et le sublime pathos
Ont séduit le goût moderne,
La postérité viendra ...
Ah! comme on vous berne, berne,
Ah! comme on vous bernera !

Vous qui prenez, à souhait,
Leçon d'esprit chez *Brunet*,
De bon ton à la caserne,
Ah! comme on vous berne, berne,
Ah! comme on vous bernera.

THÉMIRE.

RONDE.

Air : V'là c' que c'est qu' d'aller au bois.

Au bal je trouvai, l'autre jour,
Thémire, et je lui fis ma cour;
Au moment où l'on se retire,
   Je dis à Thémire :
  « Pour vous reconduire,
  « Je vous offre mon *char-à-ban* : »
V'là c' que c'est qu' d'être galant.

Thémire demeurait fort loin;
De lui plaire je pris le soin;
Mais à tous mes desirs rebelle,
   Elle fit la cruelle!...
   Enfin cette Belle
Avec moi prit un air serein :
V'là c' que c'est qu' d'aller grand train.

Afin d'achever mon succès,
J'improvise quelques couplets;

Des Amours la mère immortelle ;
   Etait bien moins belle ;
   A ce parallèle,
Pour moi Thémire s'attendrit :
V'là c' que c'est qu' d'avoir d' l'esprit.

Je cours ensuite *Aux Deux Magots*
Faire emplète d'un mérinos ;
Toute femme aime la parure ;
   Et de là j'augure
   Ma victoire sûre,
Et que j'ai droit d'être exigeant :
V'là c' que c'est qu' d'avoir d' l'argent.

Non, non, je ne décrirai pas
Combien Thémire avait d'appas ;
L'Amour est le Dieu du mystère ;
   La pudeur austère
   Me dit de me taire ;
Je m'arrête.... mais à regret :
V'là c' que c'est qu' d'être discret.

Nous ne pouvions nous séparer ;
Il est si doux de s'adorer !
Pour nous c'était plaisir extrême

De dire : Je t'aime !
Tu m'aimes de même !...
Nous étions l'un par l'autre heureux :
V'là c' que c'est qu' d'être amoureux.

Mais les plus fidelles amours
Ne peuvent pas durer toujours.
Au bout de quelques mois, la Belle
Devint infidelle,
Je fis tout comme elle ;
Parjures aux plus doux sermens ,
V'là c' que c'est que les Amans.

RONDE.

Air du père.

Allons, donnons-nous tous la main,
    Pour danser une ronde,
Les belles seront mon refrain;
    Que chacun me seconde!
Chantons les belles; croyez-moi,
Assez d'autres, souvent, ma foi,
    Versent des pleurs pour elles;

(*Reprise*).

Mais, pour nous, exempts de tourmens,
Sachons mieux employer le temps!
Chantons(*bis*)en l'honneur de nos belles!

Chanter les belles, c'est fort bien;
    Mais ne peut-on mieux faire?
N'est-il pas quelqu'autre moyen
    De chercher à leur plaire?
Est-ce à moi de vous exprimer
Qu'il faut encore les aimer,
    Pour être bien près d'elles?

(*Reprise*).

Puisque des belles le desir

Est de se voir aimer, chérir,
Aimons (*bis*) et chérissons les belles !

Aimer les belles, c'est au mieux ;
　Mais c'est encor peu dire :
On peut aimer au sérieux,
　On peut aimer pour rire.
Si vous pensez tous comme moi,
Vous vous ferez toujours la loi
　D'être à jamais fidèles.

(*Reprise*).

Il faut en faire le serment,
En chantant ce refrain charmant :
Restons (*bis*) fidèles à nos belles !

Etre fidèles, c'est fort bien ;
　Mais il faut qu'on le prouve.
Les mots aux belles ne sont rien ;
　Très-fort je les approuve.
Ce n'est qu'en nous montrant galans,
Tendres, soumis et prévenans,
　Qu'on nous croira fidèles.

(*Reprise*).

Puisque les belles, mes amis,
Exigent de nous voir soumis,
Jurons (*bis*) d'être soumis aux belles !

RONDE.

C'est ici que l'on danse
Au joli son du tambourin,
C'est sur-tout en Provence
Qu'on chante ce doux refrain :
Allons, dansez, sautez, jeunes fillettes,
Dansez, sautez, très-bien, fort bien,
Très-bien, très-bien, fort bien.
  Tandis q'vous êt' jeunettes,
 Pour profiter du tambourin,
  Faut pas, gentes fillettes,
  Remettre au lendemain.

Le temps avance et presse,
Plaisir ne dure qu'un matin ;
Il faut dans la jeunesse
Danser au tambourin.
Allons, dansez, sautez, jeunes fillettes,
Dansez, sautez, très-bien, fort bien,
Très-bien, très-bien, fort bien.
  Tandis q'vous êt' jeunettes,

Pour profiter du tambourin,
Faut pas, gentes fillettes,
Remettre au lendemain.

Lison d'amour éprise,
Suit dans le bois son cher Colin,
Mais bientôt elle est prise
Et fait trop de chemin ;
Colin fort bien fait danser la fillette,
Fort bien, fort bien, beaucoup trop bien,
Beaucoup trop bien, beaucoup trop bien.
Quoiqu'elle soit jeunette,
Pour profiter du tambourin,
Queuq'fois gente fillette
Doit r'mettre au lendemain.

Dans cet aimable asyle
La paix règne soir et matin ;
Ici, fille docile,
Toujours chant' ce refrain :
Allons, dansez, sautez, jeunes fillettes,
Dansez, sautez, très-bien, fort bien.
Tandis qu'elle est jeunette,
Pour profiter du tambourin,
Rar'ment gente fillette
Doit r'mettre au lendemain.

RONDE PASTORALE.

Lorsque j'aperçois mon amant,
Mes yeux peignent le sentiment
    Qu'il m'inspire!....
Mais non, mes yeux, ne le regardez pas,
    J'ai beau vous le dire !
Ah ! ah ! vous ne m'entendez pas.

C'est en vain que je m'en défend,
Mon cœur éprouve également
    Son martyre,
Mais, non, mes yeux, etc.

Je combats son empressement,
De même que lui, cependant
    Je desire !
Mais, non, mes yeux, etc.

Je tremble lorsqu'il est présent,
Et s'il s'éloigne un seul instant,
    Je soupire !
Mais, non, mes yeux, etc.

Si je peux le rendre content,
Mon cœur y consent, eh ! comment
    Le dédire ;
Mais, non, mes yeux, etc.

L'ardeur qu'éprouve mon amant,
De même mon cœur la ressent ;
    Quel délire !
Mais, non, mes yeux, ne le regardez pas;
    J'ai beau vous le dire,
Ah ! ah ! vous ne m'entendez pas.

LE CHIEN DE LA MEUNIÈRE.

RONDE.

Air : Du curé de Pomponne.

Gros-Jean, l'autre soir s'embrâsa,
　Près de notre meunière ;
Notre meunier dormait déjà,
　Jugez la bonne affaire !
　Ah ! il m'en souviendra,
　　Larira,
　Du chien de la meunière.

Notre meunier dormait déjà,
　Jugez la bonne affaire ;
La meunière disait com' ça :
　« Mais qu'il est téméraire,
　Ah ! etc.

La meunière disait, com' ça :
　« Mais qu'il est téméraire ! »

Tout à coup le chien aboya,
  Le chien croyait bien faire.
Ah! etc.

Tout-à-coup le chien aboya,
  Le chien croyait bien faire;
Notre meunier se réveilla,
  Peignez-vous sa colère.
Ah! etc.

Notre meunier se réveilla,
  Peignez-vous sa colère,
Lorsque, pêle-mêle, il trouva,
  Jean, le chien, la meunière.
Ah! etc.

Lorsque, pêle-mêle, il trouva,
  Jean, le chien, la meunière;
Bien vite, Gros-Jean se sauva,
  Eh! qu'aurait-il pu faire?
Ah! etc.

Bien vite, Gros-Jean se sauva,
  Eh! qu'aurait-il pu faire?
Mais chacun se demandera
  Ce que fit la meunière.
Ah! etc.

Mais chacun se demandera
Ce que fit la meunière.
Ce fut le chien qu'on étrilla,
Pour arranger l'affaire.
Ah ! il s'en souviendra,
Larira,
Le chien de la meunière.

LE MARI JALOUX.

Mon père m'a marié
A sa fantaisie ;
Un vieillard il m'a donné
Plein de jalousie.
Il ne peut abandonner
Cette frénésie.

Si je porte à mon côté
La fleur fraîche éclose,
Il a lu pour mes péchés
Les Métamorphoses ;
Et croit Jupiter caché
Sous la simple rose.

LE LOUP DE SAINT-RATIER.

RONDE A DANSER.

Air : Oh, oh, oh, oh, ah ! ah ! ah ! ah !

On ne fait bien que son métier,
   Mesdames, c'est notoire;
Du vieux bailli de *Saint-Ratier*,
   Connaissez-vous l'histoire ?
Il était bon : voilà pourtant
Qu'il veut faire un jour le méchant.
Pour plaire à Lise, il a déjà
Usé tout le latin qu'il a
     La, la;
Oh, oh, oh, oh, ah ! ah ! ah ! ah !
Faut-il du latin pour cela ?
     La, la.

La peau d'un loup qu'on lui donna,
   Vient échauffer sa tête,
Ne puis-je, sous cette peau-là,
   Surprendre la poulette ?

Allons, sans bruit et sans éclat,
Changeons en loup un magistrat.
Sous cette peau, sous ces traits-là,
Bien fin qui le reconnaîtra,
  La, la;
Oh, oh, oh, oh, ah! ah! ah! ah!
Jugez comme est vieux ce fait-là,
  La, la.

Lisette au bois, en cet instant,
 Cueillait la violette;
Le loup paraît, tout haletant,
 Il fond sur la pauvrette;
Le beau mouton que je tiens-là :
Lise d'abord pleura, cria,
Puis se pâmant elle tomba,
Mouchoir par-ci, jupon par-là,
  La, la;
Oh, oh, oh, oh, ah! ah! ah! ah!
Fille tomba souvent comme ça,
  La, la.

Mais qui peut tout prévoir, grands dieux!
 Foin d'une ame trop bonne!
Le bailli n'est loup que des yeux,
 Son courroux l'abandonne :
Griffes et dents, *et cœtera*,

Trahissent l'appétit qu'il a ;
Il souffle, il sue, il vient, il va,
Plus il fit, moins il se fâcha,
    La, la ;
Oh, oh, oh, oh, ah ! ah ! ah ! ah !
Fallait-il être loup pour ça ?
    La, la.

Que faire, lorsqu'à la bonté
    L'on sent que l'on incline ?
Honteux de son humanité,
    Le loup se détermine :
« Fuyons, dit-il, et laissons là
» Cette peau qui m'emmoutonna. »
Au fond d'un lac il la jeta :
O que d'époux, si l'on croit ça,
    La, la ;
Oh, oh, oh, oh, ah ! ah ! ah ! ah !
Ont bu depuis de cette eau-là,
    La, la.

Voilà que Lise ouvre pourtant
    Sa paupière abattue ;
« A coup sûr, dit la pauvre enfant,
    » Je dois être mordue.
» Voyons par-ci, voyons par-là,
» Rien de gâté, tout est bien là ;

» C'est un prodige que cela :
» Quel loup ai-je donc trouvé là ?
　　　» La, la ;
» Oh, oh, oh, oh, ah ! ah ! ah ! ah !
» Alain est plus méchant que ça,
　　　La, la.

Par ainsi, Mesdames, c'est clair,
　　Voici ma glose en somme :
De la cire on n' fait pas du fer,
　　Et Paris n'est pas Rome.
De *Mahomet* on se rira,
Quand *Jocrisse* nous le peindra ;
Jamais baudet ne chantera,
Un nain grand homme ne sera,
　　　La, la.
Oh, oh, oh, oh, ah ! ah ! ah ! ah !
Hors qu'il vienne un ordre pour ça,
　　　La, la.

LE PRINTEMPS.

RONDE A DANSER.

Air : Escoula Jeannette.

Jeune et joliette,
On voit au *printemps*,
La fillette,
Jeune et joliette,
Rêver aux amans.

Le doux zéphyr
Vient entr'ouvrir
Sa colerette ;
Puis le désir,
Puis le plaisir
Vient la saisir.
Jeune et joliette, etc.

62

Confiant ses appas, le soir,
À l'eau discrette,
Elle soupire, et vient se voir
Dans ce miroir.
Jeune et joliette, etc.

Sein frémissant,
Bouton naissant,
La rend coquette ;
Air agaçant,
OEil languissant,
Me rend pressant.
Jeune et joliette, etc.

La verdure offre un tapis frais,
Et l'Amour jette
Dans les forêts,
Sur les bosquets,
Un voile épais.
Jeune et joliette, etc.

Tout porte aux plus tendres langueurs
L'ame inquiette ;

L'Amour se glisse sous les fleurs,
Et dans les cœurs.
Jeune et joliette, etc.

Si Lubin orne d'un ruban
Sa quenouillette,
Elle le détache en tremblant,
Et rougissant.
Jeune et joliette, etc.

S'il charme l'écho de nos bois,
Elle répète...
Répète une première fois...
Et perd la voix.
Jeune et joliette, etc.

Elle fuit, sans brebis ni chien,
Sous la coudrette;
J'entends: non... si . pas mal , fort bien..
Puis enfin... rien.
Jeune et oliette, etc.

Les vêtemens
Sont moins pesans ;
Mais on regrette
Qu'ils soient encor moins légers
Que les bergers.
Jeune et joliette,
On voit au *printemps*
La fillette
Jeune et joliette,
Dupe des amans.

RONDE PROVENÇALE

D'ALINE, REINE DE GOLCONDE,

Enfans de la Provence,   (seule).
Enfans de la Provence,   (tous).
Enfans de la Provence,   (seule).
Jamais de noir chagrin ;
Le plaisir et la danse,
Voilà notre refrain.
Enfans de la Provence,   (tous).
Jamais de noir chagrin ;
Le plaisir et la danse,
Voilà notre refrain.
C'est le refrain
Du tambourin.   } bis.

PREMIÈRE REPRISE.

Eh ! pourquoi, douce amie, (seule)
Sur ta bouche jolie,

Ce petit air boudeur ?
Ton cœur soupire(*bis*)pour un trompeur

(Parlé). *Que je te plains, pauvre enfant! Ah! ça fait bien du mal! mais....*

Eh! non, non, non, (*bis*) jamais de noir chagrin ;
Entends l'écho redire au son du tambourin ;

Enfans de la, etc.

DEUXIÈME REPRISE.

Mon bon Dieu, c'est ma mère, (seule).
Qui s'est mise en colère,
Car elle a vu de loin
Lubin, pour rire, (*bis*) baiser ma main.

(Parlé). *En vérité, comment donc! Mais c'est affreux....*

Eh! non, non, non, (*bis*) jamais de noir chagrin ;
Entends l'écho redire au son du tambourin ;

Enfans de la, etc.

TROISIÈME REPRISE.

Il faut, petite amie, (seule).
Au printemps de la vie,
Que, tendre cœur un jour,
D'amour soupire (*bis*), chacun son tour.

(Parlé). *Ah! c'est bien vrai; tout le monde sait ça; mais....*

Eh! non, non, non, (*bis*) jamais de noir chagrin;
Entends l'écho redire au son du tambourin;
Enfans de la, etc.

L'ÉGOISTE.

RONDE.

Air : Eh ! gai, gai, gai.

Chacun pour soi,
Voilà ma loi ;
Que j'aime
Ce système !
Le monde doit
Finir, ma foi,
En même temps que moi.

M'en irai-je à la barre,
Effaçant Cicéron,
Attraper un catarre,
Pour défendre un fripon ?
Non, parbleu, pas !
Dans tous les cas,
Qu'importe

  Qu'on déporte,
  Qu'on pende, enfin ;
  Quelque vaurien
Qui peut voler mon bien.

Irai-je, des sciences
Débrouillant le chaos,
Laisser mes jouissances,
Pour instruire des sots ?
  Eh ! non, non, non !
  A quoi sert donc
   La science ?
   Je pense
  Qu'autant il vaut
  Que tout marmot
Soit bête comme un pot.

Ferai-je sentinelle
L'hiver, pendant la nuit,
Pour gens qui, quand je gèle,
Sont chaudement au lit ?
  Eh ! non, non, non :
  Car à quoi bon ?
   La ville
  Est bien tranquille ;
Chacun, ma foi,

N'a, comme moi,
Qu'à se garder chez soi.

Faut-il qu'avec fatigue
J'accumule un trésor,
Pour qu'un enfant prodigue
Le mange après ma mort?
   A ce vaurien
   Ne laissons rien;
    Moi, sur terre,
    En bon père,
   J'ai mis le mien;
   C'est pour mon bien
Et non pas pour le sien.

Dois-je écouter Aurore
Qui, trop lente au plaisir,
Me dit : « Ah ! reste encore ;
« Pourquoi si tôt sortir ? »
   Moi je me ris
   De ce sursis
    Que réclame
    Ma femme ;
   Quand mon plaisir
   Vient de finir,
Qui peut me retenir ?

71

J'aime entendre la grêle
Résonner sur mon toit,
Et voir que chacun gèle
Quand j'ai bien chaud chez moi.
   Lorsque la nuit
   Je suis au lit,
     Qu'un orage
     Ravage
   Moissons, guérets;
   Chevets, duvets,
Me semblent plus douillets.

Pour moi que tout abonde!
Qu'on assomme les bœufs!
Et que la poule ponde
Pour me donner des œufs!
   Allons, pourceaux,
   Cailles, perdreaux,
     Sans cesse
     Qu'on s'engraisse!
   A nos repas
   N'épargnez pas
Tous les mets délicats.

Du reste, qu'on s'échine
Pour la Ligue ou le Roi,

Si l'on ne me chagrine,
Eh ! que m'importe à moi ?
Je suis l'ami
De la fourmi,
Qui répète
En cachette,
Ainsi que moi,
Que chacun doit
Ne vivre que pour soi.

RONDE.

Air : La Boulangère a des écus.

Pourquoi, ma fille, allez-vous là
  Danser sous la coudrette ?
Toujours la danse exposera
  Une jeune fillette,
Toujours une jeune fillette.

Toujours la danse exposera
  Une jeune fillette ;
Car en dansant elle entendra
  Langage d'amourette,
Toujours langage d'amourette.

Car en dansant elle entendra
  Langage d'amourette,
Un galant doucereux viendra
  Pour lui conter fleurette,
Toujours pour lui conter fleurette.

74

Un galant doucereux viendra
  Pour lui conter fleurette,
Bientôt il lui dérangera
  Mouchoir et collerette
Toujours mouchoir et collerette.

Bientôt il lui dérangera
  Mouchoir et collerette ;
Vous savez ce qui s'ensuivra
  En dansant sur l'herbette,
Toujours en dansant sur l'herbette.

Vous savez ce qui s'ensuivra
  En dansant sur l'herbette ;
Et le galant refusera
  D'épouser l'indiscrette,
Toujours d'épouser l'indiscrette.

Et le galant refusera
  D'épouser l'indiscrette ;
Mais aussi pourquoi va-t-on là
  D'un mari faire emplette,
Toujours d'un mari faire emplette ?

RONDE.

Lorsque l'hiver enchaîne les flots,
Jeunes beautés, avec audace,
Accourez à ces plaisirs nouveaux ;
L'Amour peut guider vos traîneaux,
  Nul danger ne vous menace ;
   Mais il est au printemps
   Des périls bien plus grands ;
  Près de vous quand avec grâce
   Un danseur vient soudain
   Vous présenter la main.
    Ma Suzon,
    Ma Lizon,
    Pour danser,
    Pour valser,
  Ne vas pas te presser.
Il est plus dangereux de glisser
  Sur le gazon que sur la glace.

Quand sur la glace, en traîneau brillant,
Gaîment on passe et l'on repasse,
Si parfois arrive un accident,

On se relève promptement ;
  Sans danger l'on se ramasse ;
  Mais sur l'herbe en dansant,
  Ah ! c'est bien différent !
Du faux pas qui la menace
  Une fillette, hélas !
Ne se relève pas. Ma Suzon, etc.

Sans te troubler, laisse, vieux mari,
Ta femme courir sur la glace ;
L'Amour n'est-là qu'un enfant transi ;
Ailleurs il est plus dégourdi.
  C'est au bois qu'il vous menace.
  Qu'un tendron imprudent
  Fasse un' chute en dansant,
  Pour l'époux quelle disgrâce !
  Car c'est lui, tout-à-coup,
  Qui r'çoit le contre-coup.
  Ma Suzon, etc.

RONDE.

Air : V'là c'que c'est qu'd'aller au bois.

Que faites-vous d' monsieur Georget ?
Baptiste est plutôt votre fait.
Votre amant est toujours distrait :
    Bon dieu ! qu'il est triste !
    Parlez-moi d' Baptiste,
Il réjouit par son caquet ;
Baptiste est plutôt votre fait.

Il réjouit par son caquet,
Baptiste est plutôt votre fait ;
Son rival, dans votre corset,
    Trop timide, n'ose
    Placer une rose ;
Il reste là comme un piquet ;
Baptiste est plutôt votre fait.

Il reste là comme un piquet,
Baptiste est plutôt votre fait ;

S'il offre la rose ou l'œillet,
   Ah ! comme il est leste,
   On n'est pas plus preste
Pour vite empiéter un bouquet ;
Baptiste est plutôt votre fait.

Pour vite empiéter un bouquet,
Baptiste est plutôt votre fait :
Demandez à Lise, à Babet ;
   Il fait bruit dans l' monde ;
   On l' fête à la ronde :
Parle-t-on seul'ment de Georget?
Baptiste est plutôt votre fait.

Parle-t-on seul'ment de Georget?
Baptiste est plutôt votre fait ;
C'est l' meilleur garçon en effet ;
   Si l'une le quitte,
   Chez l'autre il prend gîte,
Et sans jamais être indiscret :
Baptiste est plutôt votre fait.

THOMAS ET MATHURINE.

Air : La Boulangère a des écus.

Savez-vous bien que l' gros Thomas
  Courtise Mathurine ?
Ce qu'il lui veut ne se dit pas ;
  Mais je crois q' ça s' devine,
    N'est-c' pas ?
  Mais je crois q' ça s' devine.

Le soir, il la prend par le bras,
  Avec elle il chemine ;
Ce qu'il lui dit ne s'entend pas ;
  Mais je crois q' ça s' devine,
    N'est-c' pas ?
  Mais je crois q' ça s' devine.

Il s'en vont tous les deux là-bas
  S'asseoir à la sourdine ;
Ce qu'ils y font ne se dit pas ;

Mais je crois q'ça s' devine,
    N'est-c' pas ?
Mais je crois q' ça s' devine.

Mathurine, à c' qu'on dit tout bas,
    Depuis queuq' mois s' chagrine ;
La caus' de son mal ne s' dit pas ;
    Mais je crois q' ça s' devine,
        N'est-c' pas ?
    Mais je crois q' ça s' devine.

LA FILLE QUI CRIE TOUT BAS.

Air : L'autre jour, la p'tite Isabelle.

Rien n'est si drôle qu'une fille
A qui l'on veut faire plaisir ;
Vrai démon, elle vous houspille,
Vous égratigne à n' pas finir.
Mais, en la voyant si cruelle,
Rengaînez-vous votr' compliment ;
Ah ! de plus belle, ell' vous appelle in-
solent !
Pour q'son courroux s'change en bonace.

(Vous allez voir que le seul moyen c'est de continuer).

Malgré ses *hélas !*
Si de crier ell' vous menace,
Croyez qu'ell' ne crira q' tout bas.

« J' voudrais bien cueillir la noisette, »
A Gros-Pierre disait Babet.

—V'nez dans l' bois, près de la cou-
                           drette, »
Répond l' drille, ayant son projet.
L'innocente y consent ben vite ;
De Gros-Pierre elle prend le bras.
Ah! pauvre p'tite! ah! pauvre p'tite!
    Quel faux pas !
A peine ils sont sous le feuillage :

(Il veut un baiser.—Non, dit Babet, je vais
                crier).

— Je n' l'empêche pas ;
Car, en pareil cas, c'est l'usage ;
Fill' ne sait crier que tout bas.

En s' défendant contre Gros-Pierre,
V'la que le pied glisse à Babet;
Ell' tomb' sur la verte fougère,
Et sa chûte rompt son lacet;
Bientôt, hélas! sa collerette
Voltige au souffle du zéphir....
Que la fillette! que la fillette
    Va souffrir !
Gros-Pierre s'enflamme à la vue

(Malgré Babet, Pierre couvre de cent baisers).

    D' si charmans appas....

De tant d'audace toute émue,
Babet cria, mais c' fut tout bas.

Plus Gros-Pierre d'vient téméraire,
Plus d' Babet l' cœur est agité;
Et ce trouble de la bergère
Augmente encore sa beauté.
Gros-Pierr' ne s' possèd' plus d'ivresse;
Dans ses bras, tout tremblant d'amour
Comme il la presse ! comme il la presse !
  L' méchant tour !
Trop faible, malgré sa colère,

(Babet, forcée de se résigner, soupirait, sou-
    pirait).

  Avec embarras,
Si sa voix criait : *Finis*, *Pierre*,
C'était tout bas, tout bas, tout bas.

Voilà comm', chez un' beauté sage,
Je n' *veux pas*, ressemble à *j'veux bien*.
Contre vous quand elle fait rage,
C'est qu' votre amour double le sien.
Mord-elle, c'est une caresse.
Monstre veut dire : Mon cher cœur,

« Oui, ta tendresse fera sans cesse
» Mon bonheur !
» En tigresse, il est vrai, j' m'escrime

(Mais bientôt je s'rai plus douce qu'un mouton.... Courage....)

Ne te lasse pas...
» J' vais un peu crier pour la frime,
» Mais, j' t'assure q'ça s'ra tout bas. »

L'AMOUR ET LE VIN.

L'âge a su borner nos désirs
  Au vin vieux qui pétille;
Mais il est de plus doux plaisirs
  Pour une jeune fille;
  Et son cœur dit pour refrain :
  L'Amour vaut mieux que le vin.
    Ah! le cœur à la danse!
      Un rigaudon,
      Zig zag, dondon,
    Le plaisir en cadence
    Vaut mieux que la raison.

A se passer de deux beaux yeux
  Un buveur met sa gloire;
Mais je défie un amoureux
  De se passer de boire;
  Cela prouve qu'à son tour
  Le vin vaut mieux que l'amour.
    Ah! le cœur à la danse!
      Un rigaudon,
      Zig zag, dondon,
    Le plaisir en cadence
    Vaut mieux que la raison.

L'amant, jaloux de son tendron.
  L'enferme ou le surveille ;
Le buveur, toujours sans façon,
  Vous prête sa bouteille.
  J'en reviens à mon refrain ;
  L'Amour vaut mieux que le vin.
    Ah ! le cœur à la danse !
      Un rigaudon,
      Zig zag, dondon,
    Le plaisir en cadence
    Vaut mieux que la raison.

Aimer et boire sont vraiment
  Deux choses nécessaires ;
Mais il faut suivre prudemment
  L'exemple de nos pères.
  Il faut prendre tour à tour
  Peu de vin et peu d'amour.
    Ah ! le cœur à la danse !
      Un rigaudon,
      Zig zag, dondon,
    Le plaisir en cadence
    Vaut mieux que la raison.

GARDONS NOS MOUTONS.

Je veux garder ma liberté
   Et mon humeur folette :
Mon jeune cœur n'est point tenté
   Du jargon d'amourette.
Gardons nos moutons, lirette,
   Liron, lire, liron, lirette.

Pour me défendre des amans,
   J'ai mon chien, ma houlette ;
Et je crains peu leurs complimens
   S'ils me trouvaient seulette.
   Gardons, etc.

Maman dit qu'ils sont tous trompeurs
   D'une humeur indiscrette ;
Qu'il ne faut aimer que les fleurs,
   Et jamais la fleurette.
   Gardons, etc.

Quand on laisse engager son cœur
   On est trop inquiète ;

L'on perd toute sa bonne humeur,
　　Et l'on est contrefaite.
Gardons, etc.

Si l'amour venait quelque jour
　　Me voir en ma chambrette,
Je lâcherais après l'amour
　　Ma fidèle Lirette.
Gardons, etc.

Je ne veux point changer de nom,
　　Je veux rester fillette :
Il n'est point de plus joli nom
　　Que celui de Nanette.
Gardons, etc.

J'aime à rire, j'aime à sauter,
　　Au son de la musette ;
J'aime à danser, j'aime à chanter,
　　Voilà mon amusette.
Gardons, etc.

C'est ainsi que présentement
　　Parle la jeune Annette ;
Elle dira tout autrement,
　　Un peu plus grandelette.
　Gardons nos moutons, lirette,
　　Liron, lire, liron, lirette.

LE CURÉ DE POMPONE.

A confesse m'en suis allé
  Au curé de Pompone.
Le plus gros péché que j'ai fait
  C'est d'embrasser un homme.
  Ah ! il me souviendra,
     Larira,
  Du curé de Pompone.

Le plus gros péché que j'ai fait
  C'est d'embrasser un homme.
— Ma fille, pour ce péché-là,
  Il faut aller à Rome.
  Ah ! etc.

Ma fille, pour ce péché-là,
  Il faut aller à Rome.
— Dites-moi, monsieur le curé,
  Y menerai-je l'homme ?
  Ah ! etc.

Dites-moi, monsieur le curé,
   Y menerai-je l'homme ?
— Ah ! vous prenez goût au péché....
   Je vous entends, friponne.
   Ah ! etc.

Ah ! vous prenez goût au péché....
   Je vous entends, friponne.
Bien ! baisez-moi cinq ou six fois,
   Et je vous le pardonne.
   Ah ! etc.

Bien ! baisez-moi cinq ou six fois,
   Et je vous le pardonne.
— Grand merci, monsieur le curé,
   La pénitence est bonne.
   Ah ! il me souviendra,
      Larira,
Du curé de Pompone.

LA MÈRE BONTEMS.

C'est la mèr' Bontems.
Qui dit sans cesse aux fillettes :
　Dansez, mes enfans,
Tandis que vous êtes jeunettes;
　La fleur de gaîté
　Ne croît pas l'été;
Mais au printemps, comme la rose,
Cueillons-là dès qu'elle est éclose.
　Dansez, mes enfans;
　Plus tard il n'est plus temps.

　Les jeux et les ris
Dansèrent à mon mariage :
　Mais bientôt j'appris
Qu'il est d'autres soins en ménage :
　Mon époux grondait,
　Mon enfant criait;
Mais, ne sachant auquel entendre,
Sous l'ormeau pouvais-je me rendre ?
　Dansez, mes enfans,
　Plus tard il n'est plus temps.

L'instant arriva
Où ma fille me fit grand'mère ;
Quand on en est là
A danser on ne songe guère ;
On parle en toussant,
On tremble en marchant ;
Au lieu de danser la gavotte,
Dans un grand fauteuil on radote.
Dansez, mes enfans,
Plus tard il n'est plus temps.

A BON ENTENDEUR SALUT.

Air : L'autre jour, la p'tite Isabelle

Beau berger cueillant la noisette
En un lieu qu'Amour lui montra,
Louait de sa chère Colette
Les yeux, la bouche, *et cætera*;
Puis voyant Colette bien aise,
Tendrement il presse une main;
   Ne vous déplaise,
   Même il la baise....
    Quel larcin !
» Baiser ma main ! dit la bergère.

Vraiment ! Monsieur, vous êtes bien effronté ! Je n'aurais jamais cru cela de vous. Je vais de ce pas le dire à ma mère... Ah ! mon Dieu, j'entends du bruit.

   Où vais-je fuir !
» Eh quoi ! vous bravez ma colère !
» Monsieur, hâtez-vous de finir. »

Beau berger se gratte l'oreille....
Finir! ce mot le fait rêver;
Bientôt, son esprit se réveille....
Finir! parbleu! c'est *achever*.
Il s'arme d'un nouveau courage;
Et bouche qui défend d'oser,
   En vain fait rage
   Pour fuir l'hommage
    Du baiser.
—« Quoi! ma défense est dédaignée!

Je n'ai point besoin de vous dire que Colette.... La colère l'étouffe.... et cependant un sourire involontaire.

    Vient la trahir.
» Quel forfait! j'en suis indignée....
» Monsieur hâtez-vous de finir. »

Il faut obéir à Colette.
Lucas obéit,... et sa main,
Zeste? enlève la collerette,
Et découvre le plus beau sein.
Ses transports vont jusqu'au délire;
Et l'amante, et l'heureux amant,
   Craint et désire,
   Veut et soupire....
    Quel moment!

Enfin la colère l'emporte....

Quand je dis la colère... je n'en suis pas bien sûr ; car, de temps en temps, Collette s'écriait malgré elle : « Lucas, mon cher Lucas! prends donc garde!..» si quelqu'un

  Allait venir....
» Peut-on me traiter de la sorte !
» Monsieur hâtez-vous de finir.

Mon Dieu ! que l'homme est téméraire !
Elle tombe, et, contre Lucas,
De son mieux, la pauvre bergère
Défend ses plus secrets appas.
En vain elle appelle à son aide
Pudeur, fierté, devoir, honneur....
 Plus de remède :
  Il faut qu'on cède
   Au vainqueur.
Pourtant, elle murmure encore :

Barbare! tu te plais trop à prolonger mon
   tourment....

 « Je vais mourir....
» Soyez humain ; je vous implore....
» Monsieur, hâtez-vous de finir. »

Lucas va se couvrir de gloire
En exauçant de si doux vœux ;
L'Amour lui dit que sa victoire
Fera le bonheur de tous deux ;
Il sut en effet si bien faire,
Que l'on vit s'éteindre à la fois
 De la bergère,
 Et la colère
  Et la voix.
—« Comme un rien change une fillette !

Dit Lucas, tout surpris, et recueillant

  Plus d'un soupir :
» Je n'entends plus dire à Colette :
» Monsieur, hâtez-vous de finir.

LA DORMEUSE IRIS.

Un jour, Iris se reposait,
Pinbiberlo, pinbiberlobinet;
 Cupidon, qui par-là passait,
 Biberlo, biberlo, pin, pin,
Biberlo, biberlo, pinbiberlobinet.

Cupidon, qui par-là passait,
Pinbiberlo, pinbiberlobinet,
 De son carquois tirant un trait,
 Biberlo, biberlo, pin, pin,
Biberlo, biberlo, pinbiberlobinet.

De son carquois tirant un trait,
Pinbiberlo, pinbiberlobinet;
 Darda la belle qui dormait.
 Biberlo, biberlo, pin, pin,
Biberlo, biberlo, pinbiberlobinet.

Darda la belle qui dormait,
Pinbiberlo, pinbiberlobinet;

Et puis s'enfuit quand il eut fait.
Biberlo, biberlo, pin, pin,
Biberlo, etc.

Et puis s'enfuit quand il eut fait;
Pinbiberlo, pinbiberlobinet;
Ah! dit Iris, qui s'éveillait:
Biberlo, biberlo, pin, pin,
Biberlo, etc.

Ah! dit Iris, qui s'éveillait:
Pinbiberlo, pinbiberlobinet;
Petit libertin, qu'as-tu fait?
Biberlo, biberlo, pin, pin,
Biberlo, etc.

Petit libertin, qu'as-tu fait?
Pinbiberlo, pinbiberlobinet;
Aussitôt son amant paraît,
Biberlo, biberlo, pin, pin,
Biberlo, etc.

Aussitôt son amant paraît;
Pinbiberlo, pinbiberlobinet,

Lui demande ce qu'elle avait ?
Biberlo, biberlo, pin, pin,
Biberlo, etc.

Lui demande ce qu'elle avait?
Pinbiberlo, pinbiberlobinet ;
La belle lui conta le fait :
Biberlo, biberlo, pin, pin,
Biberlo, etc.

La belle lui conta le fait :
Pinbiberlo, pinbiberlobinet ;
Il lui dit qu'il la guérirait :
Biberlo, biberlo, pin, pin,
Biberlo, etc.

Il lui dit qu'il la guérirait :
Pinbiberlo, pinbiberlobinet.
Il le fit comme il le disait :
Biberlo, biberlo, pin, pin,
Biberlo, etc.

Il le fit comme il le disait :
Pinbiberlo, pinbiberlobinet.

100

Belles, si le mal vous prenait :
 Biberlo, biberlo, pin, pin,
Biberlo, etc.

Belles, si le mal vous prenait :
Pinbiberlo, pinbiberlobinet :
 Venez à moi ; j'ai le secret ;
 Biberlo, biberlo, pin, pin,
Biberlo, etc.

Venez à moi ; j'ai le secret,
Pinbiberlo, pinbiberlobinet,
 De guérir le mal qu'Amour fait :
 Biberlo, biberlo, pin, pin,
Biberlo, biberlo, pinbiberlobinet.

LES DEUX MARIS.

Mon père m'a donné à choisir
D'un vieux ou d'un jeune mari ;
Et ziste, zeste, vraiment, oui,
  Je n'ai pas d'amourettes,
  Je n'ai pas de soucis.

D'un vieux ou d'un jeune mari.
Le vieux est riche, et je l'ai pris ;
Et ziste, zeste, vraiment, oui,
  Je n'ai pas d'amourettes.
  Je n'ai pas de soucis.

Le vieux est riche, et je l'ai pris.
Je voudrais qu'il vînt un édit;
Et ziste, reste, vraiment, oui,
  Je n'ai pas d'amourettes;
  Je n'ai pas de soucis.

Je voudrais qu'il vînt un édit
Pour écorcher les vieux maris.
Et ziste, zeste, vraiment, oui,
  Je n'ai pas d'amourettes,
  Je n'ai pas de soucis.

Pour écorcher les vieux maris ;
J'écorcherais le mien aussi ;
Et ziste, zeste, vraiment, oui,
  Je n'ai pas d'amourettes,
  Je n'ai pas de soucis.

J'écorcherais le mien aussi
Pour en faire des souliers gris ;
Et ziste, zeste, vraiment, oui,
  Je n'ai pas d'amourettes,
  Je n'ai pas de soucis.

Pour en faire des souliers gris
Pour la noc' d'un jeune mari ;
Et ziste, zeste, vraiment, oui,
  Je n'ai pas d'amourettes,
  Je n'ai pas de soucis.

LA FEMME DE L'AVOCAT.

Je me suis mariée,
Mon Dieu ! que j'étais fâchée !
A un vieil avocat,
Ah ! vous n' m'entendez guère,
A un vieil avocat,
Ah ! vous n' m'entendez pas.

La première nuitée,
Mon Dieu ! que j'étais fâchée !
Avec moi il coucha,
Ah ! vous n' m'entendez guère, etc.

Il me tourna l'épaule,
Ah ! mon Dieu ! qu'il était drôle !
Et puis il s'endorma,
Ah ! vous n' m'entendez guère, etc.

Quand il fut éveillé,
Mon Dieu ! que j'étais fâchée !
Sa culotte il metta,
Ah ! vous n' m'entendez guère, etc.

Quand il fut culotté,
Bon Dieu! que j'étais fâchée,
　　Et vîte il s'en alla,
　　Ah! vous n' m'entendez guère, etc.

Dans ma douleur amère,
J'allai me plaindre à ma mère,
　　Quel mari est-ce là?
　　Ah! vous n' m'entendez guère, etc.

　　Ah! ma fille! Ah! ma fille!
Il est de bonne famille,
　　C'est un riche avocat :
　　Ah! vous n' m'entendez guère, etc.

　　J'me moq' de sa richesse,
Et de son avocatesse;
　　J'aime bien mieux Lucas,
　　Ah! vous n' m'entendez guère,
　　J'aime bien mieux Lucas,
　　Ah! vous n' m'entendez pas.

LA FEINTE COLÈRE.

Pierrot sur le bord d'un ruisseau
    Trouva Colette
   Qui filait seulette ;
Il lui dit, tournant son chapeau :
« Pour moi, je grille dans ma peau.
Je viens te parler d'amourette... »
Mais la bergère, à ce beau début-là,
D'un ton farouche, à l'instant s'écria :
  Ah ! ah ! je voudrais bien voir ça !

Pierrot près d'elle se plaça ;
    Et cette belle,
   Craintive et cruelle,
Contre Pierrot se courrouça,
Et d'une main le repoussa.
Pierrot saisit la main rebelle :
« Morgué ! dit-il, baisons ce bijou-là ! »
Et la bergère en grondant s'écria,
  Ah ! ah ! je voudrais bien voir ça !

Pierrot, qui devient hasardeux,
         Baise et rebaise
     La main à son aise.
« Pourquoi, dit-il, cet air boudeux ?
Sur ce gazon jouons tous deux.
   Je vais, morgué! ne t'en déplaise!
Dans ton corset mettre ce bouquet-là. »
Et la bergère en grondant s'écria :
     Ah! ah! je voudrais bien voir ça!

     Aussitôt dit aussitôt fait ;
         Pierrot l'attache,
         Colette l'arrache,
 Et le lui flanque au nez tout net;
Pierrot en est tout stupéfait.
    « Ta résistance enfin me fâche ;
Un doux baiser, dit-il, me vengera. »
En se troublant Colette s'écria :
     Ah! ah! je voudrais bien voir ça!

     Par un baiser l'ardent Pierrot
         La déconcerte.
       La bergère alerte
 Lui baille un soufflet aussitôt,
Mais pas plus fort qu'il ne le faut.
    « Tu vas avoir la cotte verte,

Lui dit Pierrot, pour ce biau soufflet-là. »
Mais la bergère en riant s'écria :
Ah ! ah ! je voudrais bien voir ça !

Colette, qui craint ce badin,
Bien fort le tape,
Et brusquement s'échappe ;
Elle gagne un bosquet voisin.
De cela rit l'Amour malin.
Pierrot la suit et la rattrappe :
« Tu me païras, dit-il, cette fois-là. »
En soupirant Colette s'écria :
Ah ! ah ! je voudrais bien voir ça !

Je ne sais comme il la punit ;
Mais la follette
Quitta sa retraite
Avec certain air interdit
Qui ne marquait aucun dépit.
« Ma vengeance n'est pas complette ;
Lui dit Pierrot, tantôt rien n'y faudra. »
En souriant Colette s'écria :
Ah ! ah ! je voudrais bien voir ça !

ÉLOGE A LA PAUVRETÉ.

Eh! gai, gai, gai, la pauvreté,
　　Que dans le monde
　　　　On fronde;
Eh! gai, gai, gai, la pauvreté
　　Fait la félicité.

Quand Dieu mit l'homme au monde,
　　Le fit-il parvenu?
　　Non, sa bonté féconde
　　Le fit venir tout nu.
Eh! gai, gai, gai, la pauvreté,
　　Que dans le monde
　　　　On fronde,
Eh! gai, gai, gai, la pauvreté
　　Fait la félicité.

　　Du pauvre la toilette
　　Jamais ne l'occupa;
　　Car il faut bien qu'il mette
　　Le seul habit qu'il a.
Eh! gai, gai, gai, la pauvreté, etc.

Si l'Amour le couronne,
Il est bien sûr encor
Qu'on aime sa personne,
Et non pas son trésor.
Eh! gai, gai, gai, la pauvreté, etc.

Par bonheur pour sa vie,
Il n'a pas le moyen,
A chaque maladie,
D'avoir un médecin.
Eh! gai, gai, gai, la pauvreté, etc.

Bref, quand de la nature
Il se verra rayé,
Il roulera voiture,
Lui qui marchait à pied.
Eh! gai, gai, gai, la pauvreté,
Que dans le monde
On fronde,
Eh! gai, gai, gai, la pauvreté
Fait la félicité.

LA MUETTE GUÉRIE.

Air : V'là c' que c'est qu' d'être si bonne.

Dans un bosquet, près de Lisette,
Colin parlait de ses amours ;
La belle faisait la muette,
Par signe approuvait ses discours.
« Que dois-je, dit-il, penser de ce geste,
Si ton cœur ne me dit le reste ?
Mais, mademoiselle Louison,
    Répondez donc !
    Dites oui-z-ou non.
  Comment trouvez-vous ça ?
    Suis-je bien là ?
  Comment trouvez-vous ça ? »

Dans son silence elle s'obstine ;
Colin pour la faire jaser,
Sur la bouche de la mutine
Prend et reprend un doux baiser.
« Je sens, dit-il, qu'il augmente ma
                        flamme.

Mon feu passe-t-il dans ton ame ?
Mais, mademoiselle, etc.
« Ma foi, je n'y puis rien comprendre,
Dit-il, en découvrant son sein ;
Quoi ! faut-il, pour se faire entendre,
Promener là-dessus ma main ?
Je vois.... je tiens... que mon ame est
joyeuse !...
Quoi ! tu n'es donc pas chatouilleuse ?
Mais, mademoiselle, etc.

Pas un mot, pas une parole ;
« Morbleu ! dit-il ; tu parleras ;
Je suis pressé, le temps s'envole. »
Soudain il la prend dans ses bras ;
Puis avec elle il tombe sur l'herbette.
« Eh bien ! à quoi tient-il, Lisette ?
Mais, mademoiselle, etc.

Lise, d'un œil mourant et tendre,
De Colin imite l'ardeur ;
Et, sans songer à se défendre,
Souffre qu'il soit trois fois vainqueur.
« Sens-tu, dit-il, sens-tu comme je t'ai-
me ?
A présent m'aimes-tu de même ?
Mais, mademoiselle, etc.

— « Ah ! fort bien, lui répond Lisette,
Laissant échapper un soupir ;
Le désir me rendait muette,
Et je parle, grâce au plaisir ;
Mais, à présent, tu peux bien sans obsta-
cle
M'interroger....»—« Ah ! quel miracle !
Quoi ! mademoiselle Louison,
    Vous parlez donc !
    Le tour est bon.
  Vous parlerez demain
     Avec Colin ;
    Vous parlerez demain. »

VIGNERON, DONDON.

En m'en revenant
De boire bouteille,
Une envi' me prend
D'aller voir ma belle.
Vigneron, dondon,
Vigneron, dondaine.

Une envi' me prend
D'aller voir ma belle ;
Je trouve un galant
Assis auprès d'elle, etc.

Je trouve un galant
Assis auprès d'elle ;
Je lui dis bonn'ment :
Va, reste avec elle, etc.

Je lui dis bonn'ment :
Va, reste avec elle ;
Tu n'auras jamais
Ce que j'ai zu d'elle, etc.

Tu n'auras jamais
Ce que j'ai zu d'elle ;
J'ai zu de son cœur
La fleur la plus belle, etc.

J'ai zu de son cœur
La fleur la plus belle ;
J'ai zu de ses yeux
Un regard fidèle, etc.

J'ai zu de ses yeux
Un regard fidèle,
J'ai zu trois garçons,
Qui tous trois sont d'elle, etc.

J'ai zu trois garçons,
Qui tous trois sont d'elle ;
L'un est à Bordeaux,
L'autre à la Rochelle, etc.

L'un est à Bordeaux,
L'autre à la Rochelle ;
L' troisième à Paris
Auprès des d'moiselles.
Vigneron, dondon,
Vigneron, dondaine.

LES AMOURS DE GONESSE.

Air : V'là c'que c'est qu'd'aller au bois.

A Gonesse un jour dans ses lacs
L'Amour prit Thérèse et Colas :
Colas n'pouvait voir sa Thérèse
   Sans se pâmer d'aise,
   Et la p'tite niaise
Trouvait son grand Colas charmant :
V'là c'que c'est que l'sentiment.

Ça leur coupa pendant un mois
L'appétit, l'sommeil et la voix.
Quand ils s'voyaient, n'osant se dire
   L' sujet d' leur martyre,
   Ils s' mettaient à rire,
Puis r'tournaient moudre leur froment :
V'là c' que c'est, etc.

Mais comme l'Amour nous étouff'rait
Si queuqu' jour il ne transpirait,

Colas d' sa belle un soir s'approche,
   Lui lâche un' taloche ;
   Thérès' lui décoche
Un grand soufflet.... bien tendrement :
V'là c' que c'est, etc.

Après un aveu si flatteur
On sent qu' la goutte est de rigueur :
Thérès', dont l'œil d'amour pétille,
   Accepte du drille
   Roquill' sur roquille,
Puis tout d' son long tomb' sans mou-
                                    v'ment :
V'là c' que c'est, etc.

Ses bras pendans, sus c' coup Colas
Reste droit comme un échalas :
Mais quand on a bu plus d'un verre,
   Qu' sa belle est à terre,
   Et qu'on n'y voit guère,
On n' peut répondre du moment :
V'là c' que c'est, etc.

On s'aperçoit au bout d'queuqu' mois
Que l' corset n'va plus comme aut' fois :

Frère, oncle, tante, père et mère
   Ecument d' colère,
   Et d' la téméraire
Veulent s' venger en l'assommant.
V'là c' que c'est, etc.

Thérès', enfin poussée à bout;
Et préférant Colas à tout,
Dit tout haut : Je m'moque d'mon père,
   Je m' moque d' ma mère,
   D' ma famille entière;
J'n'aime et j'n'aimerai que mon amant :
V'là c' que c'est, etc.

Sur ces mots on la met sous clé;
Et l' pauvre Colas désolé,
Pour adoucir un coup si traître,
   La nuit, sans paraître,
   S'en vient sous sa f'nêtre,
Crier, jurer comme un All'mand :
V'là c' que c'est, etc.

Thérès', aux cris de l'infortuné,
Saut' par la f'nêtre et tomb' sus l' nez :

Son sang jaillit comm' d'un' fontaine ;
 Elle y pense à peine ;
 Gn'y a pas d' nez qui tienne
Quand il s'agit d'un enlèv'ment :
V'là c' que c'est, etc.

Vite ils s'en vont chez m'sieu le curé ;
Colas lui dit tout effaré :
Mam'selle et moi v'nons côte à côte,
 Vous dir' qu' par ma faute,
 Par ma très-grand'faute,
All' s'ra mère avant l' sacrement ...
V'là c' que c'est, etc.

L' curé leur fait un beau sermon
Au sujet d' l'œuvre du démon.
Tout ça, dit Thérèse, est d'l'iau claire ;
 Dans l'instant, mon père,
 Il s'agit de faire
Not' mariage ou not' enterr'ment :
V'là c' que c'est, etc.

L' curé dit qu'i n' peut les unir
Si leurs parens n'vienn'nt les bénir,
L'bouillant Colas, qu'ce refus poignarde,
   Du suiss' prend l'hall'barde;
   On crie : A la garde !
Thérèse accouche d' saisiss'ment :
V'là c' que c'est, etc.

Chez m'sieu l'maire on a bientôt m'né
Colas, Thérèse et l'nouveau-né;
Thérès' lui cont' sa peine amère,
   Lui dit : Vous êt' maire,
   N'ach'vez pas un' mère.
Qu'a fait ce qu' l'on fait en aimant.
V'là c' que c'est, etc.

A c'te voix l'cœur du maire s'fend;
Il dit : Faut un père à c't'enfant....
Puisqu'vous avez fait la sottise
   Qu'voulez-vous que j' dise ?
   Dimanche à l'église
Vous s'rez mariés conjugal'ment :
V'là c' que c'est, etc.

120

De plaisir tous deux à ces mots.
Se mett'ent à pleurer comm' des veaux.
Et moi-même qui vous l'raconte,
 Je l' dis à ma honte,
 Je m'sens pour mon compte
Prêt à pleurer d'attendriss'ment :
V'là c' que c'est que l' sentiment.

L'ORAGE.

Un biau jour, sur le bord de l'ieau,
    Qu'allais-je y faire ?
C'était en filant mon fusieau,
Je trouvis le jeune Guillot :
    Qu'en dira ma mère ?
Eh ! qu'en dira ma mère ?
Non, je n'irai plus mener mon troupieau
    Si près de la rivière.

Je trouvis le jeune Guillot,
    Qu'allais-je y faire ?
I' m' dit d'entrer dans son batieau,
Je le fis le temps était bieau :
    Qu'en dira, etc.

I' m' dit d'entrer dans son batieau,
    Qu'allais-je y faire ?
Le fripon lâchit le cordieau,
Je me vis au mitant de l'ieau :
    Qu'en dira, etc.

122

Je me vis au mitant de l'ieau,
 Qu'allais-je y faire ?
Un orage vint aussitôt,
Je m'écriais à chaque flot :
 Qu'en dira ma mère :
 Eh ! qu'en dira, etc.

Je m'écriais à chaque flot :
 Qu'allais-je y faire ?
L'ieau qui tombait dans le batieau,
Mouillit le lin de mon troussieau,
 Qu'en dira, etc.

Mouillit le lin de mon troussieau,
 Qu'allais-je y faire ?
De frayeur je serris Guillot,
Qui me couvris sous son mantieau.
 Qu'en dira, etc.

Qui me couvrit sous son mantieau,
 Qu'allais-je y faire ?
Puis il ramit si bieau, si bieau,
Qu'il me mit à bord sous l'ormieau.

Qu'en dira ma mère ?
Eh ! qu'en dira, etc.

Qu'il me mit à bord sous l'ormieau,
  Qu'allais-je y faire ?
Je retournis dans le hamieau,
Etourdie encor du batieau.
  Qu'en dira ma mère ?
  Eh ! qu'en dira ma mère ?
Non, je n'irai plus mener mon troupieau
  Si près de la rivière.

POINT DE PARESSE.

Tant que l'homme désirera
Plaisirs, honneurs, richesses,
Pour les avoir il emploîra
  Courage, esprit, adresse ;
  Tout le relevera,
    Larira,
  Du péché de paresse.

Une indolente qui n'aura
　Rien vu qui l'intéresse,
Quand son moment d'aimer viendra,
　Le dieu de la tendresse
　　Vous la relevera
　　　Larira,
　Du péché de paresse.

Un jeune époux qui ne dira
　Qu'un mot de politesse,
Un amant plus poli viendra
　Qui parlera sans cesse,
　　Et le relevera,
　　　Larira,
　Du péché de paresse.

Une veuve qui comblera
　D'un amant la tendresse,
　Et qui se tranquillisera
　Dans ces momens d'ivresse,
　On la relevera
　　　Larira,
　Du péché de paresse.

FIN.

TABLE.

A.

Après la richesse.	page 5
Au bruit joyeux du tambourin.	9
Au bal je trouvai l'autre jour.	44
Allons, donnons tous la main.	47
A Gonesse un jour dans ses lacs.	115
A confesse m'en suis allé.	89

B.

Bergers avec vos chiens fidèles.	15
Beau berger cueillant la noisette.	93

C.

Ces messieurs d'après la mode.	37
C'est ici que l'on danse.	49
Chacun pour soi.	68
C'est la mère Bontemps.	91

D.

De maint fat qu'on célébrera.	12
Depuis long-tems, gentille Annette.	21
Dans nos hameaux de la Navarre.	25
Du vieux pâtre de la montagne.	31
Dites-nous jeune fille.	33
Dans un bosquet près de Lisette.	110

E.

Ecoutez mes avis fillettes.	27
Enfans de la Provence.	65
En m'en revenant.	113
Eh ! gai, gai, la pauvreté.	108

G.

Gentille Bachelette.	39
Gros Jean l'autre soir s'embrâsa.	53

J.

Jeune et joliette.	61
Je veux garder ma liberté.	87
Je me suis mariée.	103

L.

Lorsque j'apercois mon amant.	51
Lorsque l'hiver enchaîne les flots.	75
L'âge a su borner nos désirs.	85

M.

Maris, soyez complaisans.	41
Mon père m'a mariée.	55
Mon père m'a donné à choisir.	101

O.

On vous a dit, tout comme à moi.	17
On ne fait bien que son métier.	57

P.

Provençale jolie.	7
Pourquoi ma fille, allez-vous là.	73
Pierrot sur le bord d'un ruisseau.	105

Q

Qui traverse à la nage.	23
Que faites vous d'monsieur Georget.	77

R.

Rien n'est si drole qu'une fille.   81

S.

Savez-vous bien que l'gros Thomas.   79

T.

Tout d'puis qu'jons fait connaissance. 19
Tout change dans la nature.   35
Tant que l'homme désirera.   123

U.

Un jour Iris se reposait.   97
Un bieau jour sur le bord de l'ieau. 121

V.

Venez ici, jeunes tendrons.   29

FIN DE LA TABLE.

LILLE. — IMPRIMERIE DE BLOCQUEL.

CHOIX
D'AIRS OU TIMBRES
SUR LESQUELS

On peut chanter les diverses chansons de ce recueil, lorsqu'on ne connaîtra point l'air indiqué par l'auteur, ou celui particulièrement composé pour elles.

On entend par le mot *air* ou *timbre*, un vers quelconque, le premier vers, ou le refrain de la chanson pour laquelle l'*air* a été composé.

Chacun avec moi l'avoûra.
J'aime la force dans le vin.
N'en demandez pas davantage.
Ça fait, ça fait toujours plaisir.

sont des *airs* ou *timbres*.

Lorsqu'on ne connaîtra point l'air indiqué en tête d'une chanson de ce recueil, ou qu'il n'en aura pas été désigné, on pourra choisir un de ceux qui se rapporteront aux couplets du même nombre de vers et de rythmes semblables.

Il n'est pas inutile de faire remarquer que si toutes les chansons portant un même numéro peuvent se chanter sur les mêmes *airs*, ces airs ne conviennent pas tous aux paroles ; c'est au lecteur à discerner celui qui est plus propre à rendre les idées que renferment ces chansons.

Les *airs*, dits de *facture*, étant spécialement faits pour telle chanson dont le rythme est particulier, on n'en donnera point ici le choix, parce que le plus souvent ils ne conviennent qu'à la seule chanson pour laquelle ils ont été faits, à moins qu'on ne parodie exactement le rythme des paroles, pour qu'elles puissent s'adapter parfaitement à l'air.

On conçoit que le lecteur peut ajouter à ce choix, tous les airs qu'il connait, et tous ceux qui pourront être faits par la suite : nous nous sommes bornés à indiquer les plus connus.

(1) COUPLETS

de 8 vers de 10 syllabes

Féminin, *masculin*, alternatifs.

Ce fut toujours de la simple nature.
Contentons-nous d'une simple bouteille.
Pourquoi faut-il ici bas que la peine?
J'aime les prés, les champs et les bois sombres.
Mon petit cœur à chaque instant soupire.
Muse des jeux et des accords champêtres.
Vaudeville des Chevilles de maître Adam.

(2) COUPLETS

de 4 vers de 10 syllabes.

Féminin, *masculin*, alternatifs.

Charmant désert, tranquille solitude.
Charmantes fleurs, quittez les prés de Flore
Daigne écouter l'amant fidèle et tendre.
Depuis long-tems j'ai trois mots à vous dire.
Je t'aimerai, je chérirai tes chaînes.
Femme sensible, entends-tu le ramage.
O Fontenai, qu'embellissent les roses!
Pourquoi vouloir qu'une personne chante?
Rien, tendre Amour, ne résiste à tes armes.

Te bien aimer, ô ma chère Zélie!
Triste raison, j'abjure ton empire.
Un tendre amant veut-il dire qu'il aime.
Viendras-tu pas, toi que mon cœur adore?
Vaudeville du Méléagre champenois.

(3) COUPLETS

De 4 vers de 10 syllabes.

1 féminin, 2 masculins, 1 féminin.

A dix-sept ans, la pauvre Coralie.
Vous l'ordonnez, je me ferai connaître.
Air de Paësiello, sur les mêmes paroles.

(4) COUPLETS

De 8 vers de 8 syllabes.

Masculin, féminin, alternatifs.

Air de la romance de Bélisaire.
Adieu, je vous fuis, bois charmans.
Age d'Astrée, ô temps heureux!
Ah! daignez m'épargner le reste.
Au sein d'une fleur tour-à-tour.
Avec vous sous le même toit.
Ce fut par la faute du sort.
Chacun avec moi l'avoûra.
Comme j'aime mon Hippolyte,

Conservez bien la paix du cœur.
De vos bontés, de mon amour.
De prendre femme, un jour dit-on
Femmes, voulez-vous éprouver ?
Il faut des époux assortis.
Il faut donc partir de ces lieux.
J'aime la force dans le vin.
Je vous comprendrai toujours bien.
Je t'aime tant, je t'aime tant.
Je ne suis plus de ces vainqueurs.
Jeunes amans, cueillez des fleurs.
La comédie est un miroir.
La fuite en Égypte jadis.
Le roi des preux, le fier Roland.
Ma Doris, un jour s'égara.
Non, non, Doris, ne pense pas.
On compterait les diamans.
On fait toujours la même chose.
Prenons d'abord l'air bien méchant.
Que m'importe ma liberté !
Que chaque fleur m'offre à ses yeux
Que vois-je, ah ! quel jour radieux !
Sur un soupçon trop incertain.
Sylvie à l'âge de quinze ans.
Trouver le bonheur en famille.
Trouverez-vous un parlement?
Vaudeville de Oui ou Non.

Vaudeville du Fandango.
—————— du petit Jockey.
—————— d'Alcibiade.
—————— des Vélocifères.
—————— de la Soirée orageuse.
—————— des deux Veuves.
—————— de la Revue de l'an VI.
—————— de la Cinquième édition.
—————— de la Fille en loterie.
—————— de Voltaire chez Ninon.
—————— de l'Abbé Pellegrin.
—————— de Molière à Lyon.
—————— de Florian (J'étais bon chasseur autrefois).

(5) COUPLETS

De 8 vers de 8 syllabes.

Féminin, masculin, alternatifs.

Air du Maître d'école.
Air de la ronde d'Anacréon.
Air du Cousin de tout le monde.
Air de Gabrielle de Vergy.
Amusez-vous, jeunes fillettes.
A Paris, et loin de sa mère.
A peine au sortir de l'enfance (Jos.)

Au fond d'une sombre retraite.
Au fond d'un bois, la jeune Adèle.
Au soin que je prends de ma gloire.
Avec les jeux dans le village.
A voyager passant sa vie.
Ce magistrat irréprochable.
C'est à mon maître en l'art de plaire.
C'est par les yeux que tout s'exprime.
C'est pour toi que je les arrange.
Cet arbre apporté de Provence.
D'l'instant qu'on nous mit en ménage.
Des simples jeux de son enfance.
Deux enfans s'aimaient d'amour ten-
dre.
D'une abeille toujours chérie.
De sommeiller encor, ma chère.
Du partage de la richesse.
Du serin qui te fait envie.
Faut attendre avec patience.
Guillot, un jour, trouva Lisette.
Guillot auprès de Guillemette.
Gusman ne connaît plus d'obstacle.
Il est vrai que Thibaut mérite.
J'ai pour toujours à ma Sophie.
J'ai vu le Parnasse des Dames.
J'ai vu partout dans mes voyages.
J'aime ce mot de gentillesse.

Je vais combattre, Agnès l'ordonne.
Je vais te voir, charmante Lise.
Je le tiens ce nid de fauvette.
Je loge au quatrième étage.
Jetez les yeux sur cette lettre.
La jeune Hortense dans Ferrare.
La douce clarté de l'aurore.
L'autre jour, j'aperçus Lisette.
Lise chantait dans la prairie.
Lorsque dans une tour obscure.
Lycas aimait la jeune Ismène.
Mon cœur soupire dès l'aurore.
Ma peine a devancé l'aurore.
N'avoir jamais qu'une pensée.
Par hasard, ce bon La Fontaine.
Pégase est un cheval qui porte.
Pourriez-vous bien douter encore ?
Quand l'Amour naquit à Cythère.
Que j'aime à voir les hirondelles.
Salut, ô divine Espérance !
Si Dorilas médit des femmes.
Si Pauline est dans l'indigence.
Sous une paupière innocente.
Tendre fruit des pleurs de l'Aurore.
Tenez, moi je suis un bonhomme.
Tout roule aujourd'hui dans le monde.
Un jour, me demandait Hortense.

Un jour pur éclairait mon ame.
Vous me plaignez, ma tendre amie.
Vous qui du vulgaire stupide.
Vaudeville de Florine.
——————— de Jadis et Aujourd'hui.
——————— des Jumeaux de Bergame.
——————— de l'Officier de fortune.
——————— du petit Matelot.
——————— des petits Montagnards.
——————— du Rémouleur et la Meûnière.
——————— du Jaloux malade.
——————— du ballet des Pierrots.
——————— de la petite Métromanie.
——————— du tableau en litige.

(6) COUPLETS.

De 8 vers de 8 syllabes.

Les 4 premiers vers, *féminin*, *masculin*, alternatifs.
Les 4 derniers, 1 *féminin*, 2 *masculins*, 1 *féminin*.

Dans la chambre où naquit Molière.
L'éclat d'une vive lumière (Owinska).
Souvent, la nuit, quand je sommeille.
Vaudeville de l'Avare et son Ami.
——————— des Chasseurs et la Laitière.
——————— des Visitandines.

(7) COUPLETS

De 8 vers de 8 syllabes.

1 *féminin*, 2 *masculins*, 1 *féminin*.
1 *masculin*, 2 *féminins*, 1 *masculin*.

Être délicat en affaire.
Un soir, dans la forêt prochaine.

(8) COUPLETS

De 8 vers de 8 syllabes.

1 *masculin*, 2 *féminins*, 1 *masculin*.
1 *féminin*, 2 *masculins*, 1 *féminin*.

Ah! pour l'amant le plus discret.
Comment goûter quelque repos?
Vaudeville des Hasards de la guerre.

(9) COUPLETS

De 6 vers de 8 syllabes.

Les 4 premiers vers, *masculin*, *féminin*, alternatifs.
Les 2 derniers, *masculins*.

Ce fut au temps de la moisson.
Chantez, dansez, amusez-vous.
Dans le bosquet, l'autre matin
Ah! quel plaisir d'être soldat.
J'avais égaré mon fuseau.

Mon père, je viens devant vous.
Versez donc, mes amis, versez.

(10) COUPLETS

De 6 vers de 8 syllabes.

Les 2 premiers, *féminins*.
Les 4 derniers, *masculin*, *féminin*, alternatifs.

De tous les capucins du monde.
Je ne suis né ni roi ni prince.

(11) COUPLETS

De 6 vers de 8 syllabes.

1 *Féminin*, 2 *masculins*, 1 *féminin*, 2 *masculins*.

Ah! s'il est dans notre village.
Il n'est qu'un pas du mal au bien.
Il reviendra ce soir, je crois.

(12) COUPLETS

De 4 vers de 8 syllabes.

Masculin, *féminin*, alternatifs.

Flora n'a pas besoin d'aïeux.
Nous sommes précepteurs d'Amour.
Que ne suis-je encore un enfant!
Sans dépit, sans légèreté.

(13) COUPLETS

De 4 vers de 8 syllabes.

Féminin, *masculin*, alternatifs.

C'était la fête de Sylvie.
Dans un bois solitaire et sombre.
Je l'ai planté, je l'ai vu naître.
Jupiter, prête-moi ta foudre.
La circonstance du moment.
Réveillez-vous, belle endormie.
Sous un saule, dans la prairie.
Sur un sofa, dans un boudoir.
Tu croyais, en aimant Colette.
Vous qui toujours suivez mes traces.

(14) COUPLETS

De 8 vers, dont 7 de 8 syllabes, et le dernier de 6 syllabes.

Masculin, *féminin*, alternatifs.

Les cruels ravages du Temps.
Chantés sous ma croisée.
Vaudeville d'Arlequin afficheur.
——————— de Frosine.
——————— de l'Opéra comique.
——————— de la Pupille.
——————— des Valets de campagne.

(15) COUPLETS

De 8 vers, dont le 1ᵉʳ de 8 syllabes, et le 2ᵉ de 6, alternativement.

Masculin, féminin, alternatifs.

Air de Joconde.
Air du pas redoublé.
Est-il de plus douces odeurs !
J'avais à peine dix-sept ans.
Je connais un berger discret.
Nous jouissons dans nos hameaux.
O vous que le besoin d'aimer.
Philis demande son portrait.
Quand je vous ai donné mon cœur.
Qui par fortune trouvera.
Vous m'ordonnez de la brûler.
Vous voulez me faire chanter.

(16) COUPLETS

De 8 vers de 7 syllabes.

Féminin, masculin, alternatifs.

Air de la fanfare de Saint-Cloud.
Aussitôt que la lumière.
Ce boudoir est mon Parnasse.
C'est la fille à Simonette.
C'est la petite Thérèse.
Des rigueurs d'une bergère.
En amour, c'est au village.

Et j'y pris bien du plaisir.
Je suis modeste et soumise.
Jusque dans la moindre chose.
La nuit, quand j'pense à Jeannette.
La lumière la plus pure.
Le soleil est le principe.
Que ne suis-je la fougère !
Sur une écorce légère.
Ton humeur est, Catherine.
Ronde du Club des Bonnes-Gens.
Vaudeville de Claudine.
——————— de Lantara.
——————— des Rendez-vous bourgeois
——————— du Réveil d'Épiménide.

(17) COUPLETS
De 6 vers de 7 syllabes.

Féminin, masculin, alternatifs.

Ce mouchoir, belle Raimonde.
Cœurs sensibles, cœurs fidèles.
Dans un verger, Colinette.

(18) COUPLETS
De 8 vers de 6 syllabes.

Féminin, masculin, alternatifs.
Attendez-moi sous l'orme
Bocage que l'Aurore.
Ça fait toujours plaisir.
Dans la vigne à Claudine.

Dans les Gardes françaises.
Dans ma cabane obscure.
De mon berger volage.
Ecoutez l'aventure.
Il pleut, il pleut, bergère.
Jeune et novice encore.
La femme est une rose.
Linval aimait Arsène.
Lise, entends-tu l'orage ?
O ma plaintive amie !
O ma tendre musette !
Partant pour la Syrie.
Sur le déclin de l'âge.
Un ingrat m'abandonne.
Vent brûlant d'Arabie.

(19) COUPLETS
De 8 vers de 6 syllabes.

1 *masculin*, 2 *féminins*, 1 *masculin*.
1 *masculin*, 2 *féminins*, 1 *masculin*.

Au bord d'un clair ruisseau.
Julie est sans désir.

(20) COUPLETS
De 8 vers de 5 syllabes.

Féminin, masculin, alternatifs.

Assis sur l'herbette.
Au clair de la lune.

Déja dans la plaine.
La jeune Isabelle.
Malgré la bataille.
Vivent les fillettes.

(21)   COUPLETS

De 5 vers, dont le 1er et le 5e, de 4 syllabes ; le 2e, le 3e, le 4e, de 8 syll.

Féminin, masculin, alternatifs.

Bouton de rose.
O ma Georgette.
Pour la baronne.
Que veut-il dire !
Vers ma chaumière.

(22)   COUPLETS

De 8 vers, dont le 1er de 8 syllabes, et le 2e de 4 syllabes, alternativement.

Féminin, masculin, alternatifs.

Airs des Pélerins de Saint-Jacques.
  (Nous voyageons parmi le monde.)
Air de la Romance d'Alexis.
  (Pourquoi rompre leur mariage ?)
N'est-il, Amour, sous ton empire ?
Quoi ! ma Voisine es-tu fâchée ?
Sans le nommer.
Vous qui de l'amoureuse ivresse.

FIN.

www.ingramcontent.com/pod-product-compliance
Lightning Source LLC
Chambersburg PA
CBHW060138100426
42744CB00007B/822